AF503223

ÉMILE CARREY

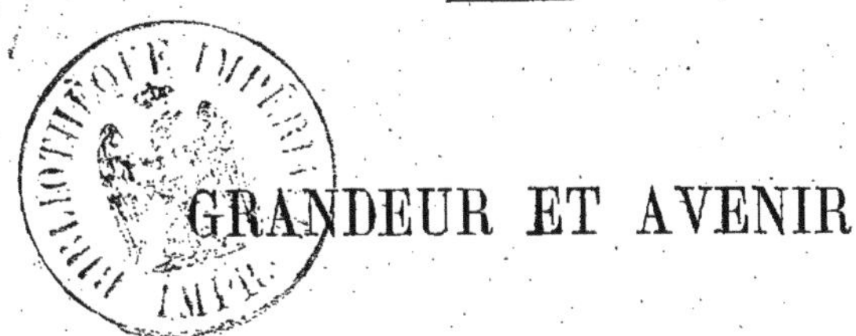

GRANDEUR ET AVENIR

DES

ÉTATS-UNIS

I. BUT DE CETTE BROCHURE.
II. QUALITÉS ET GRANDEUR NATIONALE
DES AMÉRICAINS DES ÉTATS-UNIS.
III. LA GUERRE ACTUELLE.
IV. PARALLÈLES HISTORIQUES ET AVENIR.
V. CONCLUSIONS.

PARIS

DENTU, LIBRAIRE-ÉDITEUR

PALAIS-ROYAL, GALERIE D'ORLÉANS

1863

GRANDEUR ET AVENIR

ÉTATS-UNIS

I

BUT DE CETTE BROCHURE.

Un des premiers, sinon le premier des devoirs de l'écrivain, est de lutter en faveur de ce qu'il regarde comme la vérité, lorsque cette vérité lui paraît utile à répandre. Telle est la principale raison d'être de cette brochure.

Il n'y a pas de jour où, dans nos salons, nos cercles, nos journaux, nos revues, nos livres même, on n'entende ou on ne lise un dénigrement quelconque pour les Américains des États-Unis, surtout pour ceux du Nord. C'est le courant du moment de les blâmer à chaque propos, et on dirait que tous les égoïsmes réunis de notre époque ont pris quelque part un mot d'ordre universel pour leur jeter la pierre. Il est de bon ton de les regarder comme une légion de forbans qui ne savent que faire faillite, sauter en bateaux à vapeur et se battre par les rues à coups de revolver. Leur guerre civile sert de texte à maintes railleries. Ils sont le plastron général de nos coups de langue, et cela au mépris de la justice, au mépris de nos intérêts traditionnels permanents, au mépris surtout de cette générosité qui est l'apanage inviolé de notre race française, et sur lequel chacun de nous doit veiller comme sur notre honneur collectif.

Il me paraît donc à la fois juste et utile qu'une voix amie de leur jeune nationalité s'élève en ce moment pour les défendre, et ainsi contribue de son mieux à ramener l'opinion en leur faveur. Tel est le but principal de cette brochure.

II

QUALITÉS ET GRANDEUR NATIONALE DES AMÉRICAINS DES ÉTATS-UNIS.

Tout d'abord, avant d'entrer dans aucune appréciation de l'état social des Américains, je dirai à ceux qui les dénigrent au sujet de leur guerre actuelle :

Cela nous sied-il bien à nous qui, en soixante-dix ans, avons fait mille émeutes, trois révolutions, et qui en ferions encore si nous n'avions pas conquis le suffrage universel, cette base de tout? Cela nous sied-il bien de jeter la pierre à l'Amérique au sujet de ses discordes présentes? Si les Américains tirent l'épée pour une idée, eux aussi, cela prouve que le sang de la France est vraiment dans leurs veines. Pour moi, je vois d'un côté les plus purs descendants de nos aïeux ; de l'autre, un des premiers préceptes

de la religion dont nous sommes rajeunis par nos
pères de 89. De quelque côté que je me tourne,
vers le Nord ou vers le Sud, quelle que soit la fin de
la guerre, et cette fin est de plus en plus difficile à
prévoir, je ne vois aux prises que des alliés.

En dehors de cette lutte, qui, loin de nuire aux
États-Unis, va, j'espère et je crois, les grandir, parce
qu'elle leur aura fait comprendre leurs forces et leurs
vrais intérêts, je dirai encore à leurs dénigreurs sys-
tématiques :

Avant de leur jeter tant de pierres jalouses plutôt
que justes, avez-vous réfléchi que ces lapidés sont
doublement nos enfants ; que ces enfants ont grandi
seuls loin des demeures paternelles, comme de libres
aiglons que Dieu les a faits, et qu'en conséquence,
ils ne sauraient avoir tous les raffinements d'éduca-
tion première que pratiquent nos vieilles races? Leurs
défauts, le plus souvent, ne sont d'ailleurs que vices
de formes que leurs frottements de voyage poliront
rapidement. Ce qu'il s'agit de voir surtout avant de
les critiquer, c'est leur fond, c'est ce qu'ils valent, ce
qu'ils ont fait, ce qu'ils peuvent faire.

Or, plus on les étudie, plus on est frappé, selon
moi, de leurs *qualités*, de leur *grandeur* réelle et des
probabilités de leur immense *avenir*.

Soit qu'on les considère en masse ou isolément, ils
ont maintes qualités qui deviennent peu à peu comme
lettres mortes pour nos vieilles nations, tant nous
semblons en faire fi : ainsi, le culte des choses utiles,
avant, bien avant celui des bimbeloteries soit morales
soit physiques ; l'amour réel de l'indépendance, l'é-
galité pratique, etc., etc. Chez eux, les morgues su-

rannées, les inepties gorgées, les prétentions parve-
nues sans raison, les intrigants de tous calibres, n'ont
pas droit de succès presque exclusif des gens de bien.
Enfin, et surtout, ils ont le cœur chaud quand ils aiment.

On leur reproche à tous propos de n'adorer que
l'or, d'arborer son culte comme l'unique drapeau du
monde, et de ne chercher ici-bas que les satisfactions
du plus implacable des égoïsmes : comme si cela
n'existait point partout !

Mais qu'on trouve sous le soleil une nation qui
donne plus que les Américains à ceux qu'ils aiment
ou qui les ont obligés à un titre quelconque. Qu'on
trouve un peuple chez lequel des souscriptions pour
une chose belle ou utile se remplissent plus vite
qu'aux États-Unis. La générosité est comme l'essence de leur race ; cette qualité, chez eux, est même
poussée parfois à un tel excès, que maints charlatans
ont abusé de leurs généreuses ardeurs : des entreprises au but déloyal trouvent publiquement des
hommes et des capitaux : leur vertu dégénère souvent en enthousiasmes ridicules. Mais, à considérer les
choses d'un peu haut, ce ne sont là que les inconvé-
nients d'une qualité poussée à l'excès. Et, d'ailleurs,
rien de tout cela n'arrive-t-il donc jamais sur les
bords de la Seine ? Il y a chez nous tels rebouteurs,
tels banquiers-banquistes, tels mauvais livres en vo-
gue, qui font si souvent tant de fortunes insolentes,
que c'est à se demander parfois si le métier d'hon-
nête homme n'est pas une insigne duperie. C'est que
chez nous, aussi bien que chez eux, la confiance et la
générosité sont les bases de nos natures ardentes

passionnées, mobiles, impressionnables, aimantes, qui, avant tout, même avant de réfléchir, ont besoin de croire et d'aimer !

Générosité d'aventuriers, dit-on encore pour dénigrer en eux cette qualité, la plus grande de toutes.

Aventuriers, soit. Mieux vaut l'aventurier qui donne tout ce qu'il a, quitte à retravailler demain, que l'égoïste qui laisserait l'humanité tout entière crever de faim à sa porte, pour manger plus de sucre dans son chocolat du matin. Mieux vaut l'aventurier qui donne du pain à tous venants que le calculateur avare qui n'en donne jamais, par soi-disant crainte d'égarer son aumône. Mieux vaut l'aventurier qui produit et qui marche, et qui va de l'avant, que le cloporte moisi qui végète et s'éteint dans un égoïsme sépulcral. Aventuriers, soit. Mais ces aventuriers sont des hommes ; sous leur rude écorce de spéculateurs entreprenants et téméraires, il y a un cœur qui palpite toujours à tous les appels de patrie, de liberté, d'humanité et d'amour.

Oui, l'Amérique a bien vraiment du sang de France, du sang de la vieille France aventurière et hardie, dont les enfants perdus faisaient trembler la grande Espagne ; du sang de nos fiers et généreux créoles de la Louisiane, des Antilles et du Canada ; du sang de tous ces grands aventuriers de notre race qui nous ont donné tour à tour, par l'Asie et l'Amérique, la moitié du globe, que nous n'avons pas su garder. N'en déplaise à maints parleurs serviles qui raillent ses républicaines allures, l'Amérique est bien vraiment la fille de la France par le sang, par le cœur, par la naissance à la liberté, par la démocratie grandissante. Il y a entre elle et nous une de ces dates originelles, un de ces souvenirs de main tendue à l'heure de la détresse, qui ne s'oublie pas plus entre nations généreuses qu'il ne s'oublie entre hommes de cœur.

Pour moi, je le dis ici avec une conviction profonde, si de nouveaux malheurs, une nouvelle lutte inégale et désastreuse, menaçaient mon pays, ce n'est ni aux murs égoïstes de Londres, ni aux grilles asiatiques de Saint-Pétersbourg, ni aux portes perfides de Vienne, que j'irais crier au secours : c'est à New-York et à la Nouvelle-Orléans. C'est là, là seulement, que je sens des cœurs vraiment amis. Maintes fois, je m'en souviendrai toujours avec reconnaissance, maintes fois j'ai entendu aux États-Unis les Américains parler de la France comme des hommes de cœur parlent d'un ami qui les a secourus dans les jours d'épreuves. Vous savez tout ce qu'ils ont fait pour La Fayette, les millions qu'ils lui ont donnés, et cette noble confiance d'un grand peuple qui ordonnait à ses ambassadeurs européens de ne rien faire sans consulter leur ami. Que de fois, en sillonnant leur pays, n'ai-je pas entendu ce nom français jeté à mon oreille française comme une pensée de gratitude sympathique. Nulle part, chez aucun peuple, je n'ai vu la gloire de Napoléon plus respectée que dans l'Amérique du Nord. Et si demain, au sortir de leurs luttes, le gardien sauveur du drapeau tricolore, Lamartine, s'en allait par les villes américaines, sa journée politique dans une main, ses poésies dans l'autre, ah ! certes, je vous le dis ici avec des regrets attristés, mais avec une conviction profonde, certes, les dollars, au lieu de sous marchandés, pleuvraient par millions dans l'escarcelle d'Homère.

Voici pour les qualités du cœur, celles dont nous devrions leur tenir le plus de compte, parce que nous les possédons généralement au plus haut degré.

Quant à leur grandeur nationale, cette autre satisfaction légitime de tout grand peuple, elle fascine par force quiconque l'étudie avec soin.

La croissance de leur jeune nation est si prodigieusement rapide, qu'à ma connaissance, il n'y a dans l'histoire de l'humanité aucune trace de semblable accroissement. Elle me semble même si grandiose et surtout si prompte, qu'elle fait craindre pour la durée de leur nationalité, en vertu de cette loi universelle d'ici-bas qui est que toute chose décroît en raison de sa croissance. Mais, plus probablement, il en est et il en sera d'eux comme de ces arbres gigantesques de leur hémisphère, dont la pousse semble déréglée, comparativement à celle de tous les autres végétaux, mais qui, bien considérée, n'est que le développement normal de leur colossale nature.

En effet, cette croissance est régulière en ce sens qu'elle est également prodigieuse à tous les points de vue divers du grandissement normal des nationalités : ainsi en faits de civilisation, de population, d'accroissement territorial, etc.

Au point de vue de la civilisation, autrement dit de l'amélioration progressive du sort terrestre de l'homme, les Américains du Nord marchent aujourd'hui à la tête de l'humanité. Ils sont les premiers et parfois les premiers de beaucoup, ne nous en déplaise, par les tentatives religieuses, par la liberté

sociale et individuelle réglée, par l'instruction générale, les sciences appliquées, la philanthropie pratique, la multiplicité des locomotions, les progrès industriels et commerciaux de toute nature. Excepté
encore dans les lettres, les arts et certaines sciences
théoriques, on peut dire qu'ils sont aujourd'hui l'a-
vant-garde de l'humanité progressante.

. Pour expliquer leur grandeur d'une façon palpable, en quelque sorte, la plume ne suffit pas. Il faut
les voir aux prises avec la nature et la façonnant partout à leurs besoins ; il faut parcourir le réseau sans
fin de leurs chemins de fer, visiter leurs hospices,
leurs écoles, leurs fabriques, leurs villes, germés tout
à coup là où il n'y avait hier encore que des forêts.
Il faut entendre et suivre leurs discussions de toute
nature, religieuses, politiques, commerciales ; voir
leurs multiples efforts de civilisation morale et matérielle dirigés en tous sens ; étudier sur les lieux
mêmes cette grandiose famille humaine, qui nous
doit deux fois la vie, qui nous honore à tous les points
de vue, et que cependant quelques-uns de nous dénigrent sans trêve !

Certes, comme tous les peuples, leur nation a ses
faiblesses, ses vices même, inhérents à notre nature
d'hommes imparfaite par essence. Ainsi, les amours
immodérés de la célébrité, des aventures et du nouveau y font trop souvent méconnaître à quels prix de
vies humaines sacrifiées, de probités voilées, de pro-
messes faussées, de fortunes englouties, on achèvera
la route ou l'entreprise. Le culte du veau d'or y fait
trop souvent oublier tout. L'égoïsme naturel de
l'homme n'y est pas, comme en Europe, habilement

voilé par des formes gracieuses qui du moins en cachent la laideur; si elles laissent le vice d'autant plus gangrené à l'intérieur qu'il est plus savamment dissimulé.

Mais les sociétés naissantes ont certains défauts de nature, inhérents à leur essence formée d'éléments hétérogènes et presque toujours excessifs. Ce ne sont généralement pas les hommes-demoiselles qui s'en vont au loin courir les aventures. En vertu de leur essence même, ces sociétés n'obéissent jamais et ne peuvent point obéir aux mêmes lois que les peuples déjà mûrs. Avant de penser à bien vivre moralement et matériellement, il leur faut tout d'abord croître, grandir, mûrir. C'est l'éternelle loi de tout ce qui naît, de tout ce qui est à la fois jeune, vivace et fort. Les jeunes nations, comme les jeunes chevaux, comme tous les adolescents valant vraiment quelque chose, ont des fougues nécessaires et des mépris de la vie qui peuvent paraître étranges aux hommes faits, surtout aux vieillards, mais qui sont dans les fatalités de toutes les fortes séves.

Au-dessus de ces quelques imperfections de nature, la jeune république américaine a des grandeurs sans exemple dans l'histoire. Ainsi, au point de vue religieux, le plus important de tous, selon moi, pour le bien-être et l'avenir de chaque société, c'est un spectacle étrange et presque vertigineux, mais magnifique, digne d'un jeune grand peuple et d'où peut jaillir la lumière, que celui de leur chaos moral. On dirait un concours permanent d'efforts individuels pour trouver enfin une religion générale, conforme à l'état de leur société.

Ainsi encore, à divers points de vue, social, politique, scientifique, etc., non-seulement leurs hautes individualités, mais les masses mêmes de leur population sont avancées au delà de ce qu'on trouve généralement en Europe. Là, la liberté humaine est si inviolable qu'il ne faut rien moins qu'une guerre civile dangereuse jusqu'à la dissolution, comme la guerre présente, pour qu'on ait seulement pensé à atténuer son inviolabilité vierge. Là, point n'est besoin pour exercer de hauts emplois, d'étaler des quartiers de noblesse, ou de répandre l'or à pleines tonnes ou de se traîner dans des intrigues et des platitudes sans nom. Là, le dernier des pâtres peut, si ses concitoyens le jugent capable, convoiter et obtenir le pénible honneur de devenir président de son pays : c'est-à-dire le chef de sa nationalité et l'égal de tous les souverains du globe. Là, point n'est besoin pour gagner sa vie, pour manger, — et manger même très-bien, — point n'est besoin d'aller de porte en porte chercher du travail, comme un mendiant une aumône, et souvent chômer pour cause de relâche ou de révolution. Pour ma part, je n'ai trouvé en sillonnant les États-Unis qu'un seul pauvre, un vieux Français, encore vendait-il des espèces de légumes dans les rues de Boston. Enfin là, depuis le président de la république jusqu'au dernier des porchers du Kentucky, tout le monde sait lire et lit, tout le monde a droit de voter et vote, tout le monde se tient plus ou moins au courant des grandes questions de son siècle. Il n'y a si petite ville qui n'ait son journal et son club-hôtel où se discutent tous les intérêts et les hommes utiles de la patrie américaine. D'une façon ou d'une autre, chacun sait plus ou moins les choses qui intéressent son pays, et lorsqu'on parcourt les rues de New-York, le cocher qui vous mène vous explique aussi bien la religion dont il est, que la constitution des États-Unis ou les avantages de la route de Panama sur celle du cap Horn.

En fait de commerce, cette autre face si importante de la civilisation, les Américains sont plus avancés encore. Leur habile hardiesse en affaires est devenue proverbiale. Elle est même si grande qu'elle dépasse parfois le but : ils font comme fait un jeune lévrier qui, ne sachant pas encore régler sa course, saute souvent par-dessus le lièvre qu'il suit. C'est un des mauvais côtés de leur génie commercial et de leur civilisation. C'est même par là, selon moi, qu'ils pèchent le plus, en ce sens que la faillite est trop souvent le résultat de leurs hardiesses excessives. Mais ces mêmes faillites, si justement redoutées et réprouvées chez nous, ne sont point et ne doivent pas être considérées par eux au même point de vue.

Dans leurs mœurs, tout négoce est une guerre, un jeu, une succession de parties qu'un homme joue pour son compte personnel, ou, plus souvent, pour le compte d'une association d'individus qui lui confient leurs cartes ou leurs capitaux. Plus le négociant est habile, plus il a de chances de gain. Mais habile ou non, ce n'est qu'un chef commercial, victorieux aujourd'hui, vaincu demain, qui, tentant chaque jour le hasard des combats, peut chaque jour succomber sans déshonneur. Il se peut même qu'il perde une guerre tout entière, fasse faillite enfin, pour dire le mot. Sa défaite alors est grave, sans cependant l'écraser, que rarement, et encore plus rarement lui prendre son honneur, comme cela se passe chez nous, à tort ou à raison. Ses associés et ses créanciers eux-mêmes ne lui reprochent sa chute qu'à peine, s'ils la lui reprochent. Il a presque toujours joué, lui aussi, en opérant avec son débiteur ; il a perdu ; ils sont vaincus ; tous ensemble, créanciers et débiteurs rêvent déjà d'autres combats sans s'occuper plus de cette défaite oubliée.

Or, ce sont là, — je le sens aussi bien que personne, — des mœurs mauvaises à notre point de vue euro-péen de civilisation faite et de fortunes assises, où chaque commotion entraîne une séquence infinie de malheurs. Mais, comme je l'ai déjà indiqué plus haut, ce sont des mœurs naturelles et nécessaires dans une société naissante qui doit s'occuper d'acquérir plutôt que de conserver ; qui doit regarder vers l'a-venir, plutôt que vers le passé ; qui grandit au lieu de décroître ; qui naît au lieu de s'en aller. Ces mœurs ont d'ailleurs un grand et utile côté que ne peut manquer de voir aucun observateur attentif : celui de faciliter les entreprises dans des proportions considérables. Elles sont même probablement le prin-cipal secret de leur hardiesse commerciale ; la faillite pour eux n'est qu'un peu d'argent perdu ; elle n'en-traîne pas ruine complète et presque irrémédiable comme chez nous. Si on joint à cela qu'ils sont natu-rellement braves, braves jusqu'à la témérité, on aura tout le secret de leur génie commercial.

Semblables à ces libres enfants librement élevés, ils tombent souvent, bien plus souvent que les en-fants toujours emmaillottés de bourrelets et de lisières ; mais leurs chutes généralement insignifiantes ne sont pour eux que des encouragements à marcher mieux.

Par ces causes, nous voyons les Américains tenter des entreprises si risquées, que l'idée nous en vient à peine et que cependant elles réussissent et dotent ainsi leur pays d'une série d'améliorations dont l'ensemble constitue la civilisation montante. C'est merveille que la façon dont ils exploitent à leur profit non-seulement leur continent tout entier, mais les pays les plus lointains du monde. Ils vont porter les glaces de leurs lacs jusque dans les Indes et la Méditerranée ; chercher des oranges en Sicile, des raisins secs à Malaga ; doubler le cap Horn sur des bateaux de pêche et s'en aller ainsi trafiquant de côte en côte pendant des milliers de lieues. Leurs marins sont les plus hardis du globe ; ils font voile par tous les temps, bravent toutes les fatigues, les dangers, les intempéries des saisons ou des circonstances sans se décourager jamais. Dès qu'on voit en mer un navire haut gréé, couvert de toile ou marchant à toute vapeur par les plus gros temps, on dit : c'est un Américain. Ils sont plus hardis que les Génois eux-mêmes. Ils font la banque avec des nouveautés inconnues en Europe et des audaces qui passent jusqu'à nos imaginations. Ils montent et organisent des affaires de toute sorte là où un Européen n'en rêverait même pas la possibilité. A tous les points de vue commerciaux, je n'hésite pas à croire et dire qu'ils ont déjà laissé loin, bien loin derrière eux toutes les autres nations.

Pour peindre enfin par un dernier trait l'état pro-

gressant de leur civilisation, je dirai que non–seulement voici déjà qu'ils luttent avec toutes leurs mères
patries de civilisation morale et matérielle, mais qu'ils
leur renvoient çà et là la lumière civilisatrice qu'ils
ont reçue d'elles. C'est d'eux et par eux que nous
sont venus ou revenus la navigation à vapeur, le
système pénitencier, la télégraphie électrique terrestre et sous-marine, les hôtels-ministères, les salles
d'asile, etc., etc.; toute cette belle démocratie pratique qui devrait être le point de mire perpétuel de
notre race égalitaire et généreuse. Dès aujourd'hui, à
moins d'un siècle de leur naissance, ils sont devenus
si riches et si puissants d'expansion civilisatrice, que
déjà leurs inventions, leurs mœurs, leurs institutions
et jusqu'à leurs idées refluent de chez eux chez nous
leurs pères, et déteignent sur notre état social. Ainsi,
dans la maison d'un aïeul intelligent, qu'une jalousie
égoïste n'aveugle pas, les mœurs et les idées du
jeune homme rajeunissent peu à peu la demeure pa-
ternelle !

Je sais très–bien qu'en parlant ainsi je froisse certains amours-propres européens, principalement le
nôtre. Mais, comme je l'ai dit en commençant, le
devoir de l'écrivain est de dire la vérité coûte que
coûte, quand il croit cette vérité utile à son siècle.
Or, j'ai pour conviction profonde que la France a
tout à gagner à faire bon accueil aux Américains et
à leur manifester cette franche amitié qui doit ré-
gner entre des hommes faits et des adolescents grandis, triplement liés ensemble par droits de nature,
sympathies de caractère et intérêts permanents.

Loin de moi, d'ailleurs, la pensée de dénigrer la

vieille Europe, et de lui retirer tout mérite au profit des États-Unis. Loin, loin cette idée : je sais aussi bien que personne que la civilisation littéraire et artistique habite encore de préférence notre vieux continent européen, principalement notre patrie. Je suis trop fier des légitimes orgueils de la France pour oublier aucune de ses gloires. Je reconnais que presque toutes les idées fécondes, religieuses, sociales, scientifiques, industrielles, etc., germent plus souvent en Europe, surtout en France et en Allemagne qu'en Amérique. C'est même généralement chez nous que ces idées poussent leurs premiers jets. Mais, par une cause ou par une autre, révolution ou compression, instabilité de nature, égoïsme, atmosphère viciée d'une civilisation qui vieillit, ces idées s'étiolent presque toujours dans notre patrie, puis meurent sans se répandre.

Cependant, comme, si peu qu'elle ait poussé, toute idée juste répandue produit quelques graines, les Américains ramassent cette semence dédaignée par nous et la plantent sur leur jeune continent. Là, elle se développe à son aise à l'ombre de la liberté fécondante, à l'abri des souffles délétères des révolutions ou des despotismes, dans une société jeune, féconde et forte. Puis un beau jour, tout à coup, l'Europe apprend qu'un nouvel enfant, politique, industriel, etc., est né sur le continent américain. Alors seulement, mais trop tard, elle se souvient qu'elle a jadis laissé mourir ses pères et, tout en maugréant, il lui faut recevoir d'une main étrangère la clarté qu'elle avait allumée.

Si la France n'avait point laissé Jouffroy périr dans

la misère et l'oubli, si elle avait su garder Fulton,
c'est à elle et non pas à l'Amérique que le monde
moderne devrait la vapeur. Combien d'autres exem-
ples industriels et même politiques ne me serait-il
pas facile d'ajouter à celui-là! *Mea culpa, mea
maxima culpa.* Repentons-nous, il est temps, car c'est
ainsi qu'on perd peu à peu son rang à la tête de son
époque et que peu à peu la civilisation se déplace.
C'est ainsi que d'année en année la vie morale et politique, puis la vie utilitaire, puis, à leur suite et
comme leurs satellites forcés, la vie scientifique, littéraire et même artistique s'en vont l'une après
l'autre vers le Nouveau-Monde, — en vertu de
cette loi de nature qui semble pousser incessamment
l'humanité de l'orient vers l'occident.

En ce qui touche leur grandeur physique pour
ainsi dire, en ce sens qu'elle se révèle par des faits
plus tangibles, tels que des accroissements de population et de territoire, cette grandeur est plus saisissante encore.

Ainsi, en fait de population, où trouver autrement
qu'à la suite de conquêtes éphémères un semblable
accroissement? Cependant, là, tout est spontané, naturel, providentiel, sans agencements factices d'aucune main mortelle, dû à la jeune fertilité de leur
sol, à son étendue, au bien-être moral et matériel
que leur donnent leurs libres institutions, à la force
de progression de leur nationalité qui attire vers elle
le globe entier, comme l'aimant attire le fer. Cette
vérité est si palpable qu'il n'y a besoin que de l'indiquer en passant. Il y a des années où nos émigrants
allemands, anglais, français, leur arrivent par cen-

taines de mille. Un seul de leurs ports de l'Atlantique, New-York, reçoit annuellement plus d'émigrants à lui seul que tout le reste de la terre ensemble. Leurs côtes du Pacifique se peuplent incessamment d'Asiatiques, à ce point que leur race y va tout à l'heure déborder la nôtre. Du jour de leur naissance politique à aujourd'hui, c'est-à-dire en moins de quatre-vingts ans, leur population a décuplé. Ils comptaient à leur dernier recensement trente et un millions passés d'habitants. Si cette progression se suit pendant deux siècles seulement, leur nation deviendra plus nombreuse que celle des Chinois eux-mêmes, ces étranges pullulants de l'humanité!

En fait d'accroissements territoriaux, leur grandeur montante n'est pas moins gigantesque. Ils possèdent de droit, mais surtout de fait, presque toute l'Amérique du Nord. De l'Atlantique au Pacifique, ils vont désormais sans entraves. Ni les Indiens, ni les montagnes, ni les neiges, ni le désert même, ne les arrêtent plus nulle part. Le territoire des Mormons, ces prolifiques ermites du pied des Rocheuses, n'est plus qu'une de leurs provinces centrales. Les maires de New-York et de San-Francisco causent entre eux par le télégraphe comme ceux de Marseille et du Havre. Avant dix ans peut-être, on ira par chemin de fer de l'Atlantique au Pacifique, plus de 1,200 lieues, comme nous allons de la Méditerranée à l'Océan. Un jour ou l'autre, ils achèveront d'annexer ce qui leur manque dans l'Amérique du Nord, comme nous annexons peu à peu à notre nationalité française ce qui est dans l'orbite de cette nationalité.

En effet, il est une éternelle loi de nature en vertu

de laquelle tout être jeune, vivace, fort et grandissant finit tôt ou tard par absorber ceux de ses proches
voisins plus faibles que lui; c'est sa loi fatale, à peine
d'être lui-même démantelé par l'un d'eux. Rien n'est
stationnaire ici-bas, rien, et toute chose créée doit
forcément croître ou décroître. Chaque être, chaque
famille, chaque nation subit plus ou moins cette
double fatalité : c'est-à-dire grandit ou décroît aux
dépens ou au profit de ce qui l'entoure. Chaque
arbre grandissant étouffe peu à peu autour de lui
les arbustes qui poussaient dans le cercle de son
ombre. Or, excepté les États-Unis, aucun État ne
grandit dans l'Amérique du Nord. Mais celui-là
pousse et fait de l'ombre pour tous les autres à la
fois, tant il grandit vite.

Cette loi posée, il me paraît juste de présumer que
les quelques débiles voisins des États-Unis ne tien-
dront pas devant ce jeune colosse savamment grandissant. Car, excepté eux-mêmes, par leurs dissensions, qui donc les pourrait désormais arrêter sur
leur continent?

Est-ce l'Angleterre avec sa colonie nord américaine
du Canada et ses dépendances? Mais n'en déplaise à
certaines rodomontades anglaises contre un ennemi
trop malade en ce moment pour répondre, le Canada
est plus américain qu'anglais. Aussitôt qu'il se sen-
tira fort, il suivra l'exemple de sa sœur aînée par
triple fatalité, de situation, de nature et de connexes intérêts. Alors, que fera John Bull? Ira-t-il
brûler New-York et la Nouvelle-Orléans? Qu'il
prenne garde, New-York n'est pas Copenhague, et
les flammes d'un seul port américain brûlé par lui

pourraient lancer des étincelles jusque sur Londres.
On ne se battra pas toujours, autour de Washington,
et alors on verra si quelques insolents, qui aujourd'hui
vont jusqu'à demander compte à une nation de ses
luttes intestines, oseront chercher querelle pour quoi
que ce soit à cette nation retrempée par sa souffrance
même. Ou je ne connais pas les Américains, ou les
divers outrages qu'ils ont dévorés avec tant de patriotique retenue, seront pour eux comme des le-
vains de haine que les âmes fortes dissimulent tant
qu'elles ne peuvent pas les manifester utilement,
mais qu'elles répandent à leur heure, à la façon de
ces torrents longtemps gonflés qui débordent quand
ils peuvent.

Est-ce nous, pour nos embryons d'établissements
à Terre-Neuve, aux Antilles, à la Guyane, au Mexique même tout à l'heure ? Mais quand le jour sera
venu pour ces terres françaises de devenir unio-
nistes, ce ne sera probablement pas notre intérêt de
les retenir malgré elles. Il y a dans l'avenir tant de
motifs divers pour souder de plus en plus notre
vieille alliance avec les Américains, que, quel que soit
notre légitime amour pour ces lointaines filles de
France, ce sera à la fois notre intérêt et notre devoir
de les marier à leur puissant voisin. Les colonies
sont aux nations ce que les enfants sont aux familles.
Or, quand les enfants deviennent nubiles, c'est à la
fois le devoir et l'intérêt des pères de les laisser s'en-
voler où Dieu les mène.

Est-ce l'Espagne, pour Cuba ? Quand l'Espagne
aura repris Gibraltar l'épée au poing, nous verrons.
D'ici là, ce qu'elle peut faire de mieux, c'est de ne

heurter en rien sa lointaine ennemie de l'Amérique du Nord. J'ai pour sa vieille et noble race trop de sympathies de toute nature, pour lui souhaiter de confondre jamais les États-Unis avec le Maroc.

Sont-ce les républiques américo-espagnoles, qui vivotent au sud des États-Unis, Mexique, Amérique centrale, Haïti, Colombie, etc., etc., avec leurs dissensions sans but et sans résultats, leurs jalousies combattantes, leurs impuissances de toute nature, leurs nationalités inviables? Ou encore le Brésil avec ses vanteries de sang nègre, son vaniteux étalage de grandeur sans force, de richesse sans richesse, de nation sans peuple ? L'apparence ne fait pas le fond, et le fard de civilisation qu'il étend vainement sur son empire soulouque ne saurait dessécher la gangrène de servile corruption qui le mènera tôt ou tard de l'esclavage au trépas. Non, non : rien de tout cela ne vaut même qu'on en parle au point de vue des nationalités, car cela ne pèse pas plus dans la balance américaine que la république de Saint-Marin ou l'empire du Maroc dans la balance des États européens.

Quoi que nous voulions ici, quoi qu'on fasse là-bas ; soit que l'Europe, apaisant les dissensions des républiques espagnoles, ou venant en aide aux débilités vaniteuses du Brésil, cherche à galvaniser toutes ces débiles existences ; soit qu'elle tâche de vivifier par des efforts incessants ses colonies américaines, du Canada, des Antilles, des Guyanes, etc.; peu importe, je crois. Pas plus elle que ses protégés ou ses colonies ne sont désormais en état d'arrêter l'Union sur son continent. Si les États-Unis s'arrêtent dans l'avenir, ce ne peut être que par eux-mêmes, comme dans la lutte présente, mais non plus par les mains d'un rival.

Il suffit de jeter les yeux sur une carte de l'Amérique du Nord pour voir l'Union s'avancer partout rapide et universelle comme une marée montante. Province par province, Texas, Lac-Salé, Californie, etc., elle a pris les trois quarts de son continent. Le Canada, américain de fond, n'attend plus que son heure. Nicaragua et Cuba penchent vers elle, tout prêts à se laisser tomber dans ses mains incessamment tendues. Le Mexique, enlacé dans son réseau, ne se débattait plus qu'à peine quand la guerre d'esclavage a commencé, et si cette guerre s'apaise, quoi que nous y fondions, tout croulera sous l'effort de ses puissants voisins. L'expédition même que nous y avons en ce moment ne fera que hâter l'heure des annexions, parce qu'elle mûrira le Mexique, pour devenir plus vite un des États indépendants de cette intelligente association d'intérêts connexes.

Une seule chose, une seule peut arrêter les États-Unis dans leur grandissement gigantesque. C'est la dissolution. Cette dissolution aura-t-elle lieu, oui ou non? C'est ce que nous tâcherons de présumer dans le cours de cet écrit, mais ce que Dieu seul peut savoir. Si elle a lieu, tout est ajourné chez eux, troublé, affaibli, divisé, remis en question à longue période. Ainsi, dans une existence humaine, une maladie grave peut arrêter tout à coup dans son essor l'être qui la subit.

Mais si, comme je l'espère, leurs intérêts bien entendus l'emportent sur leurs animosités plus vaniteuses que fondées, le puits béant qui s'était peu à peu ouvert sous leur union, peut se fermer d'un seul coup. Puis, comme cela arrive presque toujours pour les nations fortes au sortir d'une guerre civile, leur nationalité se consolidera de toute la guérison du malaise social que la lutte actuelle aura emporté dans son débordement. C'est le propre des grandes crises qui ne tuent pas leurs malades : la lutte et la souffrance sont rapidement suivies par une recrudescence de vitalité, parce que l'être physique ou moral se trouve purgé des principes mêmes de maladie qui avaient peu à peu déterminé la crise.

Les guerres civiles de Rome, loin d'arrêter sa marche, l'ont presque toujours accélérée. Nos guerres civiles à nous, nos guerres de Vendée elles-mêmes, ces luttes de héros où l'honneur habitait les deux camps, au lieu d'arrêter notre expansion vivace, l'ont excitée. Bien loin d'affaiblir les Américains, la guerre civile actuelle va, je crois, les retremper, comme elle a retrempé les Anglais, les Espagnols et nous-mêmes. Elle va les rendre plus hardis, plus disciplinés, plus confiants dans leurs forces, plus redoutables qu'ils ne l'ont jamais été, parce qu'elle va leur révéler à la fois leur puissance expansive, leur génie belliqueux encore endormi, et, sur toutes choses, les nécessités d'une cohésion républicaine plus habilement élastique.

Quant à présent, s'il me fallait prouver par un fait choisi entre tous l'influence des Américains sur le reste du globe, je n'en choisirais pas d'autre que leur guerre civile elle-même. S'ils n'étaient pas si grands, est-ce que notre vieil égoisme européen se

préoccuperait d'eux au point où il s'en préoccupe
aujourd'hui? Quand on se querelle au Brésil, au
Mexique, sur la Plata, en Chine, nous en occupons-
nous seulement? Mais eux! Cela nous touche à ce
point que leur guerre civile nous fait oublier par mo-
ments jusqu'à nos propres luttes européennes.

De même qu'autrefois pour les combats singuliers
des héros d'Homère, il y a des instants où l'Europe fait
presque silence afin de contempler leur duel : ainsi
lors de leurs luttes de vaisseaux cuirassés et même de
leurs grandes batailles terrestres. L'Angleterre, malade de jalousie affamée, ne sait plus comment vivre
depuis que l'Amérique ne lui envoie plus ses produits à manufacturer. Nous, détournés de nos affec-
tions naturelles pour cette race amie par une jalousie
qui messied aussi bien à nos intérêts qu'à nos géné-
rosités, nous-mêmes enfin, et encore plus la vieille
Italie, sommes tout troublés parce que leurs voya-
geurs ne viennent plus raviver leurs patries d'origine par leurs jeunes prodigalités. Voit-on pas que
notre chef lui-même, l'Empereur, celui qui, à tant de
titres, est l'expression la plus parfaite de notre nationalité, voit-on pas que lui-même a subi le contre-
coup de ce silence d'attente? Une des premières
phrases d'un de ses discours annuels, donc des pré-
occupations de sa pensée, est pour regretter le malaise que la crise américaine cause dans l'empire!

Quoi! parce qu'ils se battent entre eux, là-bas, à
douze cents lieues de nous, la désolation est en Angleterre et la souffrance est dans nos demeures! Mais
si la lutte avait lieu en Europe chez n'importe qui
d'entre nous, y penseraient-ils seulement, sinon,

pour envoyer aux vaincus les offrandes de leur jeune libéralisme?

Ceci m'amène naturellement à parler de leur guerre civile présente.

III

LA GUERRE ACTUELLE.

Le seul, mais l'immense danger qui a toujours menacé et menace incessamment les États-Unis est la dissolution : danger imminent, qui est leur mal originel, le revers de leur grandeur, le principe mortel inhérent à leur nature même et suspendu au-dessus de leur nationalité comme une épée de Damoclès toujours prête à tomber mortellement.

En effet, l'Union-Américaine, autrement dit les États-Unis, à les regarder sous une de leurs faces politiques, ne sont pas autre chose qu'une association : une fédération de nations distinctes, composée d'éléments hétérogènes, soudés ensemble à la hâte, immense et s'étalant sur des pays profondément dissemblables de nature et par suite d'intérêts. Il est donc tout simple que cette fédération porte fatalement en elle des germes sans nombre de discordes ou de séparation, et par suite tende à se disloquer. Ainsi, une maison composée de matériaux divers, faite à la hâte, mal cimentée, porte en elle des germes de ruine prématurée qui la feront crouler avant l'heure, si des mains habiles n'y portent pas remède.

Pour choisir un exemple, le plus saisissant de tous,

à mon sens, son pacte gouvernemental lui-même, sa constitution révèle toute l'étendue de ce danger. Comme ce pacte est forcément élastique ainsi que toutes les constitutions intelligentes et durables, les deux partis le tirent chacun dans leur sens, et prennent son texte même pour leur champ de bataille.

Cette constitution, reflet naturel de la société qu'elle est destinée à maintenir, a fait de chaque État une république séparée, pouvant se mouvoir indépendamment des autres dans un certain cercle de liberté particulière. Cette forme de gouvernement était indispensable dans un pays aussi vaste et diversifié par la nature, dans une société composée d'éléments aussi dissemblables. Sur toutes choses, elle était la conséquence logique de l'amour excessif de liberté individuelle, communale et provinciale, qui là-bas est la base de l'être humain comme de la société. Elle était la nécessité presque absolue de cette race américo-allemande dont les idées fédérales découlent à la fois et de la nature américaine et de sa principale nation d'origine.

Mais de cette organisation fédérale, devait résulter, et est résulté fatalement, une diffusion de forces, une tendance à la séparation, une désunion presque permanente qui se manifeste tantôt d'une façon, tantôt d'une autre. A mesure que l'Union a grandi, ce vice de naissance a pris des proportions plus graves. Aujourd'hui, voici que les liens distendus de ce fédéralisme à outrance n'ont plus assez d'élasticité pour retenir dans l'orbite national tous ces États divergents d'origines, d'intérêts, de mœurs et d'idées. On dirait, et je crois que ce pacte a besoin d'être renforcé ou lâché à certaines places (peut-être l'un et l'autre), à peine qu'il ne se brise aux points trop tendus ou trop faibles.

Par suite de ces défauts, chacun tire à lui, au gré de son caprice, sans ordre, sans suite, sans qu'une idée générale dominante entraîne chacun à se diriger dans une voie commune vers un but commun. Ces symptômes se manifestent tantôt par des échappements d'individualités ou d'États, tantôt par une guerre civile comme la guerre présente. L'autre jour, c'était Lopez et Walker qui couraient sus à la Havane et au Nicaragua. Hier, c'était les Mormons ou la Californie qui s'envolaient à l'ouest. Aujourd'hui, c'est le Sud qui se veut détacher. Demain, ce sera l'Ouest ou la vallée du Mississipi. Que sais-je? Et tous, tendant tour à tour en sens divers, comme des chevaux mal attelés, vont neutralisant leurs efforts; puis à jour donné, fatigués de luttes, se battent pour en finir. C'est comme un monde auquel aurait failli la main divine, et dont les multiples globes, allant sans direction à travers l'espace, finiraient par se heurter l'un l'autre jusqu'à crouler en poussière.

La crise actuelle n'est donc pas autre chose qu'une phase naturelle de ce danger de naissance, un des accidents logiques de la maladie mortelle que la nation américaine porte dans son sein, comme toute nation et tout individu porte la sienne. C'est cette crise qu'il importe d'examiner à un point de vue d'ensemble, afin de voir s'il y a, oui ou non, chance que le malade en périsse, ou tout au moins s'y divise.

Comme presque toutes les amitiés et les dissensions

humaines, surtout entre ces êtres collectifs qu'on nomme des partis ou des nations, la guerre civile qui déchire actuellement les États-Unis a été déterminée par des divergences d'intérêts colorées de prétextes humanitaires. La question de l'esclavage tant invoquée de droite et de gauche selon les besoins de chaque parti, n'est que le motif subsidiaire de la querelle; l'étincelle peut-être, mais non la mine. Il suffit, pour s'en convaincre, d'examiner d'un peu haut l'essence même de la nation américaine et l'état des choses avant la lutte.

En effet, les États-Unis d'Amérique peuvent être divisés en trois grandes fractions ou *sofs*, comme disent les Kabyles, qui, par la nature du sol qu'ils habitent, par leurs origines, leurs situations sociales respectives et leurs intérêts, sont, sinon opposées entre elles, du moins divergentes à certains degrés.

Ces fractions sont : le Nord-Est, le Sud et l'Ouest.

Le Nord-Est, devant principalement son origine à la race anglo-saxonne, habitant des contrées déjà appauvries, maître des débouchés de l'Atlantique et des relations internationales entre l'Europe et l'Amérique, plus manufacturier que producteur, plus pensant qu'agissant, plus civilisant qu'à civiliser, est fatalement le gouvernant général de l'Union.

Le Sud, d'origine en partie française ou espagnole, habitant sous un climat torride, regardant (à tort, selon moi) l'esclavage comme sa nécessité sociale, producteur par les bras de ses esclaves, également maître des débouchés maritimes et les étendant de plus en plus, était gouverné par habitude prise ou par indolence, plutôt que par manquements de pensées, et surtout d'habiletés gouvernantes.

L'Ouest, d'origine généralement allemande ou irlandaise, habitant des contrées neuves, encore riches de presque toute leur richesse vierge, fort, belliqueux, brave, turbulent, naissant, plus agissant que pensant, se trouve être par fatalité de situation, de nature de travail et de génie même, plus à civiliser que civilisant, plus gouverné que gouvernant.

Ces trois partis ou fédérations d'États sont naturellement divisés entre eux par des tendances souvent contraires, qui peuvent très-bien s'harmoniser, je crois. Mais, de même que chez toutes les nations humaines, cette harmonie a ses heures de malaise, d'ébranlements, de luttes, puis de déchirements ou de recomposition. Je ne sache pas que l'Est, le Sud et l'Ouest de la France aient toujours vécu en parfaite concorde, et depuis nos guerres religieuses jusqu'à celles de la Vendée, il s'est passé chez nous plus d'une lutte civile qui n'a pas été sans danger pour notre nationalité. C'est une de ces luttes qui, en ce moment, divise et menace de morceler, dès son berceau, la jeune république américaine.

Par ces motifs que je viens d'exposer, le Nord-Est, depuis l'origine des États-Unis, gouvernait le pays d'une façon ou d'une autre. Par suite, comme cela s'est fait et se fera probablement tant que les hommes seront des hommes, c'est-à-dire des êtres essentiellement égoïstes, ces gouvernants exploitaient à leur profit, avant tout, la nation qu'ils dirigeaient. Ils étaient les premiers venus dans le pays, les suscitateurs de la liberté américaine, les mieux installés

dans leurs demeures, les plus riches, les plus civi-
lisés, les plus habiles; ils étaient devenus tout natu-
rellement l'aristocratie de la jeune république. Ils
n'en portaient pas encore les titres, mais ils en pre-
naient peu à peu les priviléges savamment dissi-
mulés. Cela n'est d'ailleurs ni une croissance, ni un
état social, ni des façons de gouvernement, insolites
dans les annales de l'humanité. Il suffit, pour s'en
convaincre, d'ouvrir l'histoire ou même de regarder
l'état présent de notre globe.

Ainsi sont nés, ont grandi ou gouverné les patri-
ciens de la république romaine, et surtout ceux de
Venise. Ainsi gouvernerait encore la noblesse de
France et l'aristocratie anglaise, si l'avénement pro-
gressif ou brutal des classes moyennes et du peuple
ne leur avait pas, d'une façon ou d'une autre, ar-
raché le pouvoir. Ce n'est ni pour condamner, ni
pour absoudre la noblesse et lui préférer telle ou
telle forme de gouvernement que je fais ce parallèle.
Cette brochure n'est point le théâtre de cette discus-
sion, et j'avoue d'ailleurs en toute humilité que, sous
ce rapport, je ne me sens pas un jugement assez élu-
cidé par le travail dont mon esprit s'occupe en ce
moment même, pour pouvoir décider la question. Je
fais ces rapprochements dans le seul but de prouver
que ce qui se passait là-bas sous une forme ou sous
une autre n'a rien d'excessif ni d'anormal. Comme les
Romains, les Vénitiens, les Anglais et nous, les Américains sont des hommes, partant soumis aux mêmes
nécessités, aux mêmes misères, aux mêmes phases
sociales.

Cependant, à côté de cette aristocratie dissimulée,

à son ombre en quelque sorte, le Sud et l'Ouest lui-même grandissaient.

Le premier grandi, le Sud, a le premier levé la tête, le premier crié, le premier couru aux armes, par instincts de nature non moins que de croissance. A tort ou à raison, trop tôt ou à l'heure juste, il a demandé, puis exigé, sans l'obtenir, la suppression des tarifs qui permettaient aux manufacturiers du Nord-Est d'écouler leurs produits à bon prix en dehors de la concurrence européenne. A force de grandir, de crier, de vouloir et de demander une chose juste, en résumé, il allait l'obtenir, et sans rémission prétendait saisir, d'un seul coup, et le pouvoir et la fortune même.

Le Nord-Est, acculé, ne pouvait plus lutter qu'à peine contre un ennemi grandissant chaque jour en nombre, en richesse et en habileté. Pour se garantir contre ces déchirements de puissance, il a appelé à son aide la grande question humanitaire qui sommeillait comme un reptile au sein de l'Union. Il a écrit sur son drapeau l'idée d'abolition d'esclavage et a fait naître la lutte : lutte terrible, qui ne se peut apaiser que par des flots de sang, comme s'est apaisée notre lutte de 89 entre l'aristocratie défaillante et l'une des classes secondaires voulant gouverner à son tour.

Je n'ai pas l'intention et ce n'est pas la tâche que j'ai embrassée de redire ici les phases diverses de cette guerre désastreuse entre ce qu'on peut appeler l'aristocratie et le tiers état de l'Union-Américaine. D'ailleurs, les journaux la racontent au jour le jour, et pour la rappeler, je n'ai pas besoin de refaire ces récits palpitants de combats qui déciment les deux armées, où, des deux côtés, on meurt à la fois pour le droit, la victoire et la patrie. Triste lutte, triste comme était la nôtre pendant cette longue période révolutionnaire du dernier siècle, où royalistes et républicains, blancs et bleus, nous nous battions avec des devoirs, à ce point respectables que la mort seule était l'*ultima ratio* de la lutte.

Je dirai seulement, pour résumer cette triste guerre, que jusqu'à ce jour il y a balancement de forces. Le Sud ou le Nord, blancs ou bleus, rose rouge ou rose blanche, Guelfes ou Gibelins, Sylla ou Marius, qui l'emportera? Dieu sait comment va tourner le conflit, mais personne d'ici-bas, je crois, ne peut faire autre chose que le présumer. Quant à moi, comme la plupart de ceux qui sont portés d'affection pour leur patrie, je passe tour à tour par des craintes ou des espoirs contraires que cette longue lutte fait naître dans le cœur de tous ceux qui les aiment.

Y a-t-il déjà trop d'intérêts divergents, trop de sang répandu, trop de haines amoncelées pour que l'Union se rétablisse jamais? Vont-ils, comme les républiques de l'ancienne Grèce, ou de l'Italie, ou de l'Amérique du Sud, se morceler en autant de petits États destinés à s'entre-déchirer dans une impuissance stérile, ou former deux ou trois grandes fédérations sans cesse en hostilités latentes ou armées? Frères ennemis, condamnés à la même demeure et profondément mêlés de races, de familles, de routes, de langue, d'intérêts et d'existence, vont-ils se réduire à néant pour ne point se heurter à chaque mouvement, ou se battre jusqu'à mourir?

L'Ouest, cet adolescent jusqu'ici endormi à la remorque du Nord-Est, va-t-il se réveiller et, mettant sa large main démocratique sur cette balance à plateaux oscillants, dira-t-il aux uns et aux autres :

« C'est assez ! Je suis jeune et je veux grandir en paix, moi ; grandir comme vous avez grandi tous deux, par le développement pacifique d'une large vie en commun. C'est assez ! Un congrès se réunira à Cincinnati ou Saint-Louis. Nous y enverrons tous des mandataires-arbitres qui nous pacifieront. Envoyons-les, ou sinon je tire mon épée sans merci contre celui de vous deux qui refusera de s'entendre. »

L'Ouest est jeune, généreux, fort. Il a plus que tout autre intérêt à la paix, à l'union, au grandissement en commun de la patrie commune. C'est l'enfant tenant dans ses jeunes mains les destinées du père et de la mère, qui se disputent au-dessus de son berceau. De ses mains toutes-puissantes il peut prendre leurs mains ennemies et les réunir. Dieu veuille qu'il comprenne et sache exécuter la mission patriotique que la Providence lui permet de prendre pour la paix de son avenir et le salut de sa patrie américaine.

Un des deux partis, quel qu'il soit, va-t-il finir par écraser l'autre, au risque de périr lui-même dans la bataille, s'il le faut, mais décidé à en finir à tout prix ? C'est ce que je leur souhaite, plutôt que de rester dans l'état de guerre actuelle, plutôt même que de se diviser, car la division, à mon sens, c'est ce qu'il y a de pire pour leur patrie. Mieux vaut la souffrance ou la mort de quelques-uns que l'annihilation de tous.

Ou, enfin, mieux, bien mieux encore, les deux partis, épuisés de luttes, de prospérités éteintes, d'argent perdu, de sang versé, vont-ils pas comprendre à la fin que leur lutte est stérile! qu'ils sont frères après tout! fils de cette même mère féconde qu'on nomme la liberté et ses seuls enfants sur la terre! Vont-ils pas comprendre qu'ils ont autre chose à faire en ce monde que de s'entre-tuer sans profit pour personne! que leur mission civilisatrice, ici-bas, n'est pas de se battre comme des bouledogues acharnés, jusqu'à tomber haletants de leurs blessures réciproques! Comprendront-ils pas que, pionniers de la civilisation, avant-garde de l'humanité progressante, ils ont envers l'humanité, qui les regarde, des devoirs à remplir : devoirs de progrès et non de luttes, de paix et non de sang, de civilisation à la fois morale et matérielle? Comprendront-ils pas que leur grandeur même leur impose de grandir encore ; à peine que l'histoire dise d'eux, qu'ils n'ont brillé sur ce monde que comme ces aurores incertaines qui ne sont que des reflets sans chaleur et sans durée?

Pour ma part de publiciste isolé, n'en déplaise à nos intérêts du moment par le Mexique, ce que je souhaite de toute mon âme, ce que j'espère et, à force de l'espérer, ce que je crois qui arrivera, c'est la paix entre eux : la paix par raison, par intelligence pratique, par estime les uns des autres : LA PAIX PAR UNE TRÊVE, PUIS PAR UN COMPROMIS; c'est-à-dire l'unique solution d'une guerre sans autre issue que la ruine de leur nationalité.

Je ne puis croire, non je ne puis pas croire que leur bons sens, leur patriotisme, leur légitime fierté nationale, ne comprennent point le danger de la lutte actuelle, et à tout prix ne la terminent pas. Je l'espère et je le crois même si bien que, poursuivant mon travail d'ensemble sur leur nationalité, je passe outre à la lutte présente. Je la répute pour éteinte et continue d'examiner leur avenir, comme s'ils étaient déjà sortis de la crise terrible dans laquelle se joue en ce moment l'une des grandes phases de la civilisation de nos temps.

IV

PARALLÈLES HISTORIQUES.

En dehors de cette crise, plus on regarde avec attention l'état présent de l'humanité, plus on regarde surtout à l'horizon des États-Unis, plus on y trouve cette possibilité d'avenir : à savoir, que c'est dans l'Amérique, à New-York ou à la Nouvelle-Orléans, peu importe, qu'est la jeunesse, la vie, l'aube montante non-seulement de notre race européenne, mais de l'humanité tout entière.

C'est ce que je vais essayer de prouver en terminant, au risque de blesser un peu notre amour-propre européen, qui, je le sais, ne supporte qu'avec aigreur une supériorité quelconque.

Mais cela me paraît utile à préciser, et, s'il est possible, à faire reconnaître comme une vérité probable ; parce que la meilleure manière de régler ici-bas aussi bien sa vie sociale et politique, que sa vie individuelle, c'est de se rendre bien compte de son âge, conséquemment de ses besoins et de ses possibilités humaines. Si toute vérité n'est pas bonne à dire pour celui qui la dit, elle est toujours bonne pour celui qui l'entend. Or, l'égoïsme n'étant pas mon fait, je cherche d'abord notre intérêt collectif.

Tout a une vie ici-bas, donc un âge ; tout, les hommes, les animaux, les arbres, les rochers, les continents eux-mêmes ; tout a une vie propre, donc une naissance, une enfance, un âge mûr, une vieillesse, une mort. C'est la première loi de nature, et il suffit d'avoir voyagé tour à tour parmi des races vieillies et des races jeunes, pour se rendre compte de cette loi et pressentir ses conséquences.

Si quelqu'un doute de ce fait au point de vue des continents, par exemple, qu'il veuille bien lire tour à tour des descriptions *vraies* de l'Asie, de l'Afrique, de l'Europe, des deux Amériques ; puis, qu'il compare attentivement ces descriptions entre elles, si l'écrivain, n'ayant pas visité ces diverses contrées, n'a pas pu faire pour le lecteur ce travail primordial. Qu'il compare les unes aux autres les différentes natures des sols, des végétations, des animaux, des races humaines, et il verra si cela n'est pas la vérité.

Ainsi, prenons d'une part l'Amérique méridionale, par exemple, principalement dans sa partie atlantique du nord. A la regarder d'un peu haut, on dirait, et je crois que Dieu n'y a pas encore achevé son œuvre ; qu'elle n'est pas mûre pour l'homme et que, de par les volontés de celui qui préside aux destinées de tout ce qu'il a créé, l'heure n'est pas encore venue pour les races humaines de peupler ce sol fécond.

La nature y est encore en enfance germinante par

tous côtés; par son sol à peine formé qui se déplace sans cesse; par ses fleuves gigantesques aux lits incertains et roulant des eaux chargées de terres, de végétaux, d'animaux, de germes fécondants de toute nature; par les végétaux et les animaux sans nombre, arbres, plantes, insectes, serpents, poissons, oiseaux, mammifères, que la main égoïste de l'homme n'a pas encore détruits ou raréfiés ou modifiés à son profit; enfin par la nature de l'homme lui-même, par son existence presque exclusivement animale, sa vie sans besoins, ses jeunesses de toutes sortes, entre autres, ses nécessités inassouvissables de propagation, si clairement indiquées par des désirs incessants d'amour, suivis de reproduction.

Prenons d'autre part l'Italie, ou la Grèce, ou le nord de l'Afrique, par exemple. Là, tout est plus ou moins achevé, complet, souvent vieux et sans force. Là, comparativement à l'Amérique, on ne trouve que peu ou point de végétaux, tout au plus quelques rares animaux sauvages, et un homme dont le premier instinct est un esprit de conservation égoïste, cette fatalité naturelle de tout être vieillissant. Là, il semble que la nature, incessamment parcourue et dévorée par les fourmilières humaines qui se sont succédé sur le sol, y est épuisée de quelques-uns de ses principes vitaux. Dans l'Afrique du Nord surtout, cela est saisissant comme le sont tous les grands contrastes. Comparativement à certaines contrées analogues du Nouveau-Monde, on trouve de l'un à l'autre continent, toute la différence qui règne entre vieillards et jeunes hommes. Il n'y a pas jusqu'à leurs extrêmes, à tous les deux par lesquels ils ne se touchent, comme, sur notre boule ronde, se touchent entre elles toutes les extrémités.

Lorsque je compare à la fois la vieille Asie et l'Afrique du nord, terres du passé, l'Europe, terre du présent, l'Amérique, terre de l'avenir, je me confirme avec autant de certitude que peuvent en avoir nos débiles jugements humains, je me confirme dans cette connexe idée, à savoir :

Que tout a une vie ici-bas, donc un âge : de telle sorte que l'homme, en Orient, par exemple, n'a pas plus les idonéités et les défauts de l'homme en Occident, qu'un vieillard n'a les forces et les vices d'un adolescent. Il n'est probablement pas jusqu'au climat lui-même, ce maître de nous tous, qui n'ait une existence propre, un mouvement de rotation à long terme, échappant à nos yeux mortels, mais n'en existant pas moins d'une façon évidente.

Au point de vue de l'homme, cette vérité est plus saisissante encore. La preuve certaine, selon moi, de la vie individuelle de chaque famille humaine, de chaque nationalité avec sa reproduction par rejetons coloniaux, comme une essence d'arbres, ressort, pour ainsi dire, à chaque page de l'histoire de l'humanité. Ainsi, qu'on veuille bien parcourir les anciens fastes de nos aïeux gaulois, francs, romains, etc., puis l'histoire moderne des Indiens et de nos colons des deux Amériques; on verra si, d'une façon ou d'une autre, nos aïeux n'ont pas subi exactement tout ce que nous faisons subir aujourd'hui aux Indiens du Nouveau-Monde. On verra s'il n'y a pas entre cette histoire oubliée, mais non perdue, et l'histoire contemporaine du double continent américain, toutes les parités imaginables de sauvagerie primitive, de civilisation venue du dehors, d'accueils, de colères, de défenses, d'envahissements, qui sont le propre du peuplement actuel des deux Amériques.

En ce moment même, en parcourant ces lignes, le lecteur voit-il pas avec moi par la pensée, grâce à la lorgnette des comparaisons que donne le souvenir, voit-il pas la caduque Asie, la vieille Afrique du Nord, l'Orient, la Grèce et l'Italie elle-même, dans cette enfance sauvage où est aujourd'hui encore l'Amérique du Sud? Puis les voit-il point passant par l'état actuel de notre Europe pour arriver aux déclins plus ou moins séniles où ils sont arrivés? Vous qui me lisez en ce moment, voyez-vous point, comme je les vois, nos premiers aïeux pionniers égrenés de la haute Asie, arrivant sur la jeune Europe par aventuriers de hasard, comme sont probablement arrivés en Amérique les Indiens qui la peuplaient avant nous? Vous représentez-vous pas ces quelques rares échantillons de notre famille humaine trouvant, eux aussi, un sol dans l'enfance, des végétaux et des animaux sans nombre : s'agglomérant peu à peu par tribus quasi nomades : promenant leur sauvagerie oisive à travers cette terre chargée de proies de toute sorte, de fruits, de graines alimentaires, de racines de maintes espèces : vivant de chasse, de pêche, de végétaux sauvages, de cultures incertaines : puis, au fur et à mesure du grandissement de chacune de leurs tribus, se formant en nations?

Et nos aïeux, Francs, Gaulois ou Latins, vivaient ainsi plus ou moins heureux depuis plus ou moins de siècles, lorsqu'un jour, tout à coup, ils ont vu débarquer sur leurs plages ou descendre du haut des Alpes une troupe étrange d'hommes inconnus, guidés par un Christophe Colomb quelconque. Bientôt, à la suite de ces pionniers de la première heure, sont arrivées des nuées successives d'émigrants divers : Phéniciens, Troyens, Égyptiens, Grecs, Carthaginois, Romains, etc., tantôt unis, tantôt se querellant entre eux pour la possession de ces terres dont ils ne savaient même pas l'étendue.

Tout d'abord, nos pères accueillent avec des étonnements inquiets ces êtres dissemblables d'eux sous maints rapports, et tombés sur leur pays à la façon des aérolithes. Mais les nouveaux venus, raffinés de la civilisation, comme nous le sommes aujourd'hui vis-à-vis des Indiens américains, apportent avec eux toute une vie nouvelle, meilleure et plus douce que celle des autochthones. Ils offrent à leurs hôtes, en échange de biens de la terre et de produits de chasse sans valeur apparente, des outils de fer pour cultiver, des armes faciles, des étoffes soyeuses, des bijoux resplendissants. Ils vont dans leurs grossières cabanes leur porter des amitiés fraternelles habilement étalées, des secours physiques, des conseils moraux, et jusqu'à Jupiter avec tout son cortége olympien, c'est-à-dire un dieu avec des sous-dieux bien autrement paternels que Teutatès, Odin, et toutes les féroces divinités de l'Europe idolâtre. Nos pères reçoivent avec bienveillance leurs visiteurs séduisants, et partagent avec eux leurs poissons séchés, leurs taureaux sauvages fumés, leurs pelleteries de toutes sortes, leurs maisons grossières ou leurs trous de rochers,

Mais bientôt, à mesure que le nombre, conséquemment la force et les besoins des nouveaux débarqués grandissent, ils deviennent de jour en jour plus despotiques, plus insolents, plus avides, plus intolérables et intolérés. Peu à peu, sous prétexte de civilisation, ils s'érigent en maîtres de leurs hôtes et font d'eux, selon l'occurrence, leurs serviteurs, leurs soldats, leurs gladiateurs, leurs esclaves sous une forme quelconque. L'intelligence patriotique de nos aïeux s'éclaire ; la souffrance les aigrit chaque jour davantage contre leurs envahisseurs avides ; le souvenir des bienfaits apportés s'efface. Les druides, les prêtres, les chefs de tribus, toutes les principales victimes de la civilisation nouvelle, exploitent habilement la situation et soufflent le feu par tous moyens. L'Indien, le Kabyle, le Gaulois, le Picte, l'autochthone sauvage enfin, se lève en armes et repousse de toute l'énergie de ses instincts de liberté ces envahisseurs habiles, despotes et égoïstes qui se sont installés chez lui avec leurs lignées : comme la lice et ses petits dans la maison de sa compagne. Isolément ou en masse, chaque autochthone lutte désormais sans trêve, désespérément, par tous moyens. Mais il est trop tard : l'étranger arrive multiple, armé, discipliné, guidé par César ou Cortès. Vercingétorix ou Montézuma succombe : la Gaule devient romaine, l'Amérique devient espagnole.

Cependant, peu à peu, aux heures et dans les progressions marquées par la Providence, la patrie des vainqueurs, cette même Asie, Afrique, Grèce, etc., vieillit, et avec elle vieillit la race humaine qu'elle porte. Ses montagnes, ses vallées, ses plaines surtout, desséchées par le souffle du temps et la main délétère des troupeaux d'hommes qu'elles nourrissent, se dépouillent brin à brin de leurs végétaux, comme un front fatigué se dépouille de cheveux. Ses habitants étiolés, vieillis, sans force procréatrice pour se multiplier, sans puissance expansive pour conquérir, sans énergie même pour se défendre, deviennent à leur tour les proies des races nées d'eux et vivifiées par leur mélange régénérateur avec les races mêmes que leurs pères avaient conquises. Les lionceaux, grandis et transformés, réagissent contre les vieux lions; les rejetons du vieil arbre grandissent dans le fumier des feuilles et des écorces tombées du tronc pourrissant qui leur a donné la vie!

C'est ainsi que l'Europe du Nord revient vers l'Asie, vers l'Orient, vers la Grèce, vers l'Italie, cherchant tout d'abord à les soutenir comme un fils son père, leur tendant à travers les mers ou par-dessus les monts une main tantôt protectrice, tantôt secourable, pour reconstituer ou apaiser leurs débilités séniles; puis, au fur et à mesure de chaque décrépitude impuissante, conquérant, exploitant, absorbant à son profit ce qui reste de l'aïeul mourant. Ainsi en Asie-Mineure, en Algérie, en Grèce, etc.

En même temps, forte à son tour, débordante, ayant besoin d'épandre le trop plein de sa population affamée, l'Europe nouvelle s'agite et cherche vers l'ouest, elle aussi. Alors le Créateur la mène en Amérique. Ses ruches les plus garnies, Espagne, France, Angleterre, Allemagne, envoient successivement des essaims vagabonds sortis d'elle chercher asile et fortune sur le nouveau continent; exactement comme les ruches trop pleines de Phénicie, d'Égypte, de Grèce, envoyaient leurs essaims surabondants chercher asile et fortune en Europe. A peine débarqués sur ce sol vierge et mal peuplé par des populations de race moins forte que la leur, les nouveaux venus agissent comme les Asiatiques, les Grecs, les Romains, ont agi sur le sol vierge et mal peuplé qu'habitaient nos aïeux. Ils apportent la civilisation, mais aussi leur despotisme envahisseur et absorbant.

Jour par jour, le nouveau continent se peuple, se règle, se façonne sous nos yeux mêmes qui s'en aperçoivent à peine; encore moins qu'ils ne s'aperçoivent des transformations quotidiennes des enfants grandissant sous leurs regards. La Providence y conduit peu à peu, aux heures marquées par elle, une population multiple et variée, qui arrive par mille canaux divers, mais tous convergeant vers un réceptacle commun. Déjà ses volontés mystérieuses y ont amené successivement :

Les Indiens actuels arrivés de l'Asie, par le détroit de Behring, comme semblent l'indiquer à la fois maintes similitudes de race et l'inspection géographique : les Indiens, premiers habitants de cette terre nouvelle, refoulés, vaincus, mais surtout absorbés et conséquemment modifiant beaucoup plus qu'on ne le pense en Europe, l'élément européen qui les absorbe; de même qu'à notre insu, mais d'une façon palpable, l'indigène algérien modifie notre élément colonial africain ;

Nous-mêmes, Européens, attirés là par notre instinct inassouvissable d'inconnu, qui est à la fois la force et la souffrance de notre race; chassés du pays natal par le besoin d'aventure ou le besoin d'argent; fatigués d'une vie trop pressée, trop cadenassée, trop difficile, trop lourde, trop vieille pour tout ce qui est jeune; nous entraînant là les uns par les autres, sans nous en rendre compte, comme les premiers arrivés d'une caravane entrée dans une oasis entraînent peu à peu toutes les caravanes qui suivent;

Des nègres, apportés par nous et infusant leur couleur, leur force, toute leur puissante mais grossière nature, dans ce mélange indo-blanc qui les absorbe et les subit sans y penser; comme un métal en fusion absorbe et subit tout ce qu'on lui jette;

Des Coolies, des Chinois, arrivant par foules pressées avec leur vieille civilisation asiatique, leur génie trafiquant, patient, vieillard en quelque sorte, mais habile et astucieux;

Hommes, femmes, enfants de toutes races, de toutes nations, de toutes couleurs, blancs, noirs, rouges, jaunes: venant, ceux-ci pour conquérir, ceux-là pour cultiver ou commercer; tous cherchant leur vie humaine selon les instincts de leur race et obéissant aux appels de leurs besoins du jour, sans souci de leur œuvre commune: mais tous amenés là par la volonté mystérieusement créatrice de Dieu!

Oh! oui, oui, l'homme s'agite, Dieu le mène, et sous la volonté divine, c'est le lot de la créature de s'incliner docilement comme l'Oriental, et non de lutter sans réfléchir, à la façon d'un ivrogne en colère.

Ce n'est pas pour rien, ce n'est pas sans un but d'avenir, que la Providence réunit là, dans de gigantesques prévisions à long terme, toutes les semences diverses de l'humanité. Ce n'est pas pour rien qu'elle fait descendre sur ce sol vierge situé entre les trois grands continents du vieux monde les trois grandes races humaines du globe, les nègres, les Indiens et nous. Ce n'est pas pour rien qu'elle permet à notre race européenne, la plus puissante de toutes aujourd'hui, de former en Amérique le plus large cadre social qui ait jamais été dressé pour contenir à la fois toutes les diverses expressions de l'humanité.

Aujourd'hui, dans ce cadre, sur cette toile vierge, mais déjà chargée de couleurs, tout s'ébauche, s'agite, se discute, se mêle, se coagule, comme dans un immense creuset à métaux en fusion. Agriculture, industrie politique, morale, religion, tout y est encore dans une sorte de chaos précurseur. Mais déjà de ce chaos réglé sourdent par intervalles des lueurs lumineuses; et quelque jour, à l'heure marquée par Dieu, jailliront de là les clartés religieuses et politiques des siècles à venir. Déjà tout ce qui a chez nous force exubérante va là et le plus souvent n'en revient pas, et y sème sa force et s'y agglomère à ce noyau de liberté pratique, qui, ainsi, grossit incessamment. Il n'y a pas jusqu'à bon nombre de nos illustres divers : hommes d'État, patriotes, savants, etc.; Lafayette, Garibaldi, Humboldt, notre Empereur lui-même enfin, qui n'aille là par une cause ou par une autre, et qui n'y puise ce je ne sais quoi de vitalité intelligente et généreuse, qu'on respire sur ce jeune continent.

Un jour viendra, je le redis de nouveau en terminant pour prendre date de mon erreur peut-être, mais peut-être aussi de ma prophétie; — un jour viendra où la jeune Amérique se retournera à la fois vers l'Europe et vers l'Asie. Un jour viendra où ce jeune continent encore baby par l'Amérique du Sud, adolescent par l'Amérique du Nord, rendra à la fois à ses deux mères vieillies les civilisations qu'elles lui ont envoyées. Un jour viendra que ni nous ni nos neveux ne verront, je pense : il leur tendra tout d'abord une main secourable, puis dédaigneuse, puis conquérante et absorbante, ainsi qu'à des vieillards épuisés, devenus presque sauvages à force de vieillesse. C'est ce que nous faisons aujourd'hui avec les Asiatiques, les Africains du Nord, les Orientaux, etc., tous ceux qui tour à tour nous ont jadis apporté la civilisation ; c'est ce que l'Amérique fera un jour avec nous.

Et ainsi va le monde, ainsi l'humanité, ainsi la vie : naître, croître, puis, presque aussitôt, décroître et mourir, — mais mourir en renaissant !

V

CONCLUSIONS.

Et maintenant que conclure de ces pages, notamment de cet aperçu historique sur l'âge des peuples ? C'est ce que chaque lecteur peut faire à part lui dans la sphère de ses idées personnelles éveillées par l'étude présente.

Quant à moi, je conclus de là :

1° Que nous avons tort à tous les points de vue de ne pas entretenir avec soin, au lieu de la froisser sans cesse, la sympathie naturelle, traditionnelle et intéressée qui règne entre les États-Unis et nous.

2° Que les Américains ont des qualités et des grandeurs si rayonnantes qu'aux yeux de quiconque est de bonne foi ces qualités et ces grandeurs absorbent leurs défauts.

3° Que la crise actuelle n'est qu'une des fatalités logiques de leur essence et que par suite il y a lieu d'espérer que cette crise passera sans disloquer le malade. Ils sont jeunes et la jeunesse a tant de ressources !

4° Enfin que tout a un âge ici-bas et que nous ne sommes plus jeunes, nous ; que, sans être encore les caducs de la cacochyme Asie ou les vieillards du vieil Orient, nous sommes pour le moins des grisonnants, ne nous en déplaise ; qu'il serait de bon goût à nous de ne pas dénigrer ces jeunes hommes à cause de leurs fougues vivaces ; que, sur toutes choses, nous ne devons avoir ni jalousies, ni dédains pour une race issue de nous, grande à tous les aspects et dont les sympathies se tendent vers nous. Les heures de l'avenir n'appartiennent qu'à Dieu. Mais c'est le propre des êtres intelligents et sagaces de savoir ensemencer cet avenir, se préparer à long terme, échelonner ses étapes avec des alliances durables, pour trouver, aux phases difficiles de la vie, un allié sympathique et reconnaissant qui vous tende la main !

Si ces conclusions sont généralement celles du lecteur, mon but est atteint.

Paris, 1863.

ÉMILE CARREY.

PARIS, IMPRIMERIE DIVRY ET Cᵉ, 49, RUE NOTRE-DAME DES CHAMPS.

www.ingramcontent.com/pod-product-compliance
Ingram Content Group UK Ltd.
Pitfield, Milton Keynes, MK11 3LW, UK
UKHW021002220726
13924UKWH00002B/853